Michael Heinen-Anders
Die Zukunft der Kultur des
Internet

AF176052

Herstellung und Verlag: BoD – Books on Demand, Norderstedt

ISBN 9783754311226

Inhaltsverzeichnis

Die Zukunft der Kultur des Internet

Das **Internet** (von eng. *interconnected network*), kurz auch ***das Netz*** genannt, ist ein dem elektronischen Datenaustausch dienender Verbund weitgehend dezentralisierter Rechnernetzwerke. Es enstand aus dem 1969 von der Advanced Research Project Agency (ARPA) realisierten ARPANET, das seit 1962 im Auftrag der US-Luftwaffe unter der Leitung des US-Verteidigungsministeriums von einer kleinen Forschergruppe am Massachusetts Institute of Technology entwickelt wurde. Das Internet bietet eine Reihe von von Internetdiensten wie E-Mail, Telnet, Usenet, Dateiübertragung und zunehmend auch Telefonie, Radio und Fernsehen. Am bekanntesten und am meisten genutzt wird heute das von Tim Berners-Lee 1989 am

schweizer
Kernforschungszentrum CERN realisierte
World Wide Web (WWW), das
durch Hyperlinks miteinander
verknüpfte Hypertext-Dokumente als
sogenannte Webseiten bereitstellt und
am 6. August 1991 weltweit öffentlich
zugänglich gemacht wurde. Das *World
Wide Web* ist seitdem geradezu
zum Synonym des Internets geworden. Die
Webseiten werden mittels
spezieller Computerprogramme gelesen,
die als Webbrowser oder
kurz **Browser** (von engl. to
browse „stöbern, schmökern, sich
umsehen") bezeichnet werden.

Vor einigen Wochen erschien ein Artikel
"Das Internet abschalten?", Interview mit
Otto Ulrich, in der Zeitschrift INFO 3,
Juni 2021, S. 52 – 54. Zunächst war ich
überrascht, als ich das Interview mit Otto
Ulrich las. Als ich mir aber daraufhin das
Buch mit dem Titel "Utopie einer

lobbaren Zukunft" selbst besorgte und flugs durchlas, da wurde mir klar, dass es sich bei dieser "Utopie" doch um etwas geistig sehr substanzielles handeln könnte. Es gibt da von Rudolf Steiner eine Äußerung zum Jahre 2086, welche in diese Richtung gedeutet werden könnte:

" Verwirrung und Verwüstung wird herrschen, wenn das Jahr 2000 herannaht. Und dann wird auch von unserem Dornacher Bau kein Holzstück mehr auf dem anderen liegen. Alles wird zerstört und verwüstet werden. Darauf werden wir von der geistigen Welt aus herabschauen. Aber wenn das Jahr 2086 kommt, wird man überall in Europa aufsteigen sehen Bauten, die geistigen Zielen gewidmet sind und die Abbilder sein werden von unserem Dornacher Bau mit seinen zwei Kuppeln. Das wird die goldene Zeit sein für solche Bauten, in denen das geistige Leben blühen wird." (Rudolf Steiner, GA 286, S. 110f)

Spätestens seit 1998 ist das **Internet** aus dieser Welt kaum mehr wegzudenken. Der „Zugang zum Internet ist ein fast unverzichtbarer Bestandteil für ein ökonomisch funktionierendes Leben im 21. Jahrhundert".[1] Zugleich ist es ein Medium, dessen Nutzung eine ausgesprochenen Wachheit und Sicherheit des Urteils beim Nutzer herausfordert. War das Internet in seinen Anfängen ca. 1992 noch fast ausschließlich dem Nachrichtenaustausch und sozialen Interaktionen zu verschiedensten Themen gewidmet, so steht heute neben den ökonomischen Interessen der Werbewirtschaft und der Onlinehändler, welche das Internet für ihre Zwecke nutzen, der Zweck der Selbstdarstellung gewissermaßen für jedermann im Vordergrund des „Content", also des Inhalts, den das Internet als fast weltweit

---

[1] Dagmar Hovestädt: Die Internet-Revolution, auf: http://www.bdp.de/themen/72DLZY.html

frei zugängliches Medium zu bieten in der Lage ist. Daher ist die These einer gewissen Verflachung und Kulturverödung angesichts der Unmengen der selektiv kaum noch zu bewältigenden Inhalte und Nachrichten, die über dieses Medium verbreitet werden, kaum von der Hand zu weisen. Ob das Internet in der westlichen Welt allerdings auch anderen Interessen einer theoretisch bereits machbaren fast vollständigen Kontrolle und Überwachung der dieses Medium Internet nutzenden Personen und weitergehenden fast verschwörungstheoretisch anmutenden Lenkungsplänen der Mächtigen und Skrupellosen dient oder aber zukünftig dienen wird, muss vorerst, angesichts der geringen Informationstiefe zu diesem besonders bedrohlichen Problemspektrum des Internets, wohl erst einmal offen bleiben. Hinsichtlich der Spionage im Internet drangen erst kürzlich Neuigkeiten an die Öffentlichkeit: Nichts ist mehr geheim, da die Geheimdienste jede Verschlüsselung mit ihren Mitteln aushebeln.

Es gibt nur wenige Äußerungen Rudolf Steiners, die das Internet direkt betreffen. Insbesondere aber gibt es von ihm folgende Äußerung:

"Wenn das nicht in die Menschenseelen einziehen könnte, was ihnen die Spiritualität bringen kann und was die anthroposophische Bewegung will, dann könnte etwa die äußere Kultur ein wenig fortgehen, aber die Menschen würden zuletzt dahin kommen, daß sie sich sagen würden: Ja, das haben wir nun alles erlangt! Drahtlose Vorrichtungen tragen unsere Gedanken, Vorrichtungen, von denen sich unsere Vorwelt nichts hat träumen lassen, über den ganzen Erdball hin. Aber was haben wir davon? Die trivialsten, ödesten Gedanken schicken

wir von einem Ort zum andern;
menschliche Intelligenzkraft bis ins
Höchste haben wir anspannen müssen,
damit wir nun endlich mit allen möglichen
vollkommenen Werkzeugen
herüberbringen können von einem
entfernten Ort der Erde an den andern, was
wir nun essen, und angespannt haben wir
unsere Kräfte der Intelligenz, um schnell,
recht schnell den Erdkreis zu umspannen,
aber wir haben in unserem Kopfe nichts
darinnen, was wir irgendwie von einem
Punkte zum andern tragen können."
(Rudolf Steiner, GA 130, S. 200)

Was sich heute schon sagen lässt, ist das
die gesundheitlichen Gefahren durch die
digitalen Internet-Geräte weit unterschätzt
werden. Der „Nutzen ist immens – so
sucht man uns Glauben zu machen -,
während der von ihm ausgehende Schaden
gegen Null geht: denn es gibt ja
niemanden, der einen Schaden spürt! Ja, da
gibt es ein paar Abspenstige unter den

Ärzten, die das Gegenteil behaupten, aber wer wird denn schon auf sie hören?

Sie aber (und zwar nicht allein Ärzte, sondern Abtrünnige aus den verschiedensten Bereichen) behaupten beispielsweise folgendes: <<Forscher der Technologischen Universität von Queensland haben herausgefunden: Smartphones und Gadgets haben die Gesundheit von 40,9% der australischen Jugendlichen und jungen Erwachsenen bis zu einem Alter von 25 Jahren geschädigt. Zudem gelang der Nachweis, dass die tägliche Nutzung von modernen Kommunikationsmitteln zu einer nachhaltigen Verschlechterung des physischen Zustands von 23,5% der Bevölkerung bis zu einem Alter von 30 Jahren geführt hat.>> Wir haben es hier also, wie im Falle der radioaktiven Bestrahlung auch, mit einer großen und ganz realen existenziellen Bedrohung der Menschheit zu tun."[2]

Auch Anton Kimpfler hatte diese Tendenz bereits weit vor der Realität einer Kultur des Internets erkannt: „In wachsendem Maße trägt (…) die Technik zu einer Ausschaltung menschlicher Bedingungen und Ziele bei. Mit den Computern und ihrer mannigfachen Vermehrung gleicht dies einer Flut. Es hat geradezu ein Rennen in die Krise hinein stattgefunden. Je mehr Elektronik und Automaten um uns sind, desto weniger ist uns damit gedient."[3]

„Ein Ahriman-Glaube setzt sich (…) durch: Der Computer weiß alles (besser). Anstatt des Menschen wird er befragt (…)".[4]

---

[2] G. A. Bondarew: „Und werdet die Wahrheit erkennen …", BoD, Norderstedt 2020, S. 397
[3] Anton Kimpfler: Die elektronische Seuche, Vlg. Rolf Kugler, Oberwil/Zug 1985, S. 105
[4] Anton Kimpfler: Okkulte Umweltfragen – Zur Urteilsbildung gegenüber der Unternatur und den untersinnlichen Kräften, Anders Leben Vlg., Wies/Südschwarzwald 1982, S. 52

„Dass die Digitalisierung zu gewaltiger Zunahme der Arbeitslosigkeit führt, wird oft verschleiert. Man spricht von digitalem Fortschritt und sagt nicht dazu, dass das vor allem finanziellen Fortschritt für ganz wenige bedeutet."[5]

Unter der Corona-Krise wird deutlich, wie allerorten der Ruf nach mehr und rascherer Digitalisierung erfolgt. Insbesondere die FDP wirbt damit programmatisch anläßlich bevorstehender Wahlen.

Unsere Kinder werden so früh wie nie im sogenannten „Home-Schooling" mit den digitalen Geräten konfrontiert, indem damit Fernunterricht inszeniert wird.

Seither leiden immer mehr Schüler unter Vereinsamung und Depressionen, ja entwickeln darüber sogar soziale Ängste, die bis hin zu Selbstmord-Phantasien

---

[5] Johannes Greiner/Anton Kimpfler: Elektronische Gefangenschaft? Grenzen der digitalen Technik und geforderte neue Fähigkeiten des Menschen, Edition Widar, Hamburg 2019, S. 167

reichen. Die Kinder- und Jugendlichen-psychiatrien sind seither überfüllt. Dies kann man allerorten der damit zusammenhängenden Nachrichtenflut, gleichfalls elektronisch übermittelt, entnehmen.

Etliche Schüler fallen in den Noten erheblich zurück, weil sie in dem digitalisierten Fernunterricht jegliche Anregung zu persönlicher Authentizität und Unmittelbarkeit der Lehrpersonen vermissen, und da zugleich Freundschaften mit anderen Schülern rapide schwinden.

Diese Nebenwirkungen der Technik werden aber gerne übersehen, so dass seitens der politischen Klasse immer nur ein „Mehr" an Digitalisierung gefordert wird, da man glaubt so der drohenden Corona-Virus-Ansteckung, welche als Schreckgespenst geschildert wird, entgehen zu können.

Gleichzeitig demonstrieren immer mehr Schüler an Freitagen, den sogenannten „Fridays For Future" (FFF) gegen den gleichzeitig drohenden, und apokalyptisch ausgemalten, sogenannten Klimawandel.

Dass die gleichen Schüler sich elektronisch vernetzt, dazu verabreden und schließlich per Youtube ihre Botschaften verbreiten, und damit der Stromverbrauch der weltweiten Serverfarmen enorm erhöht wird, das fällt leider den allerwenigsten beteiligten Jugendlichen auf.

Hier setzt auch Otto Ulrichs Utopie an, indem er davon ausgeht, dass ein allgemeiner Bewußtseinswandel die Menschen ergreift, und gerade angesichts der Klimakrise ein neues Bewußtsein der Schädlichkeit der digitalen Internet-Endgeräte, für die Erreichung eines gewaltig niedrigeren Stromverbrauchs, eintritt.[6]

Nach Otto Ulrichs Schätzung treten die ersten merklichen Veränderungen für die Digitalisierung bereits um das Jahr 2052 herum auf.[7]

Es folgt eine Integration der anthroposophischen Arbeitsfelder in die allgemeine Lebenspraxis.

Bereits die späte „Kultur des 21. Jahrhunderts ist Freude am frei spielenden produktiven Willen", so der anthroposophische Zukunftsforscher J. W. Ernst.[8]

Für 2121 wagt Otto Ulrich folgende Prognose: „Heute lernen unsere Kinder schon in der Schule mit Kuhhörnern und

---

[6] Vgl. Otto Ulrich: Utopie einer lobbaren Zukunft: Zeitfelder 1921 – 2021 – 2121, INFO3 Vlg., Frankfurt a.M. 2021, S. 67ff sowie S. 71ff sowie https://www.dw.com/de/tv/shift/s-30411
[7] Vgl. Ebenda, S. 83
[8] J. W. Ernst: Das Schicksal unserer Zivilisation und die kommende Kultur des 21. Jahrhunderts, Vlg. Die Kommenden, Freiburg i.Br. 1977, S. 56

Kuhmist umzugehen, es geht nicht mehr darum, wie das wohl damals üblich war, die Kinder für die digitale Bildung fit zu machen. <<Lebenskunst>> wird der Unterricht genannt. Und etwas so Totes wie das, was einst <<Computer>> genannt wurde, kennen unsere Kinder nicht mehr."[9]

Und zum Jahr 2121 heißt es Otto Ulrich gleichermassen: „Hat der Mensch durch sein Tun, durch künstlich erzeugte elektromagnetische Felder, zu einer Verschmutzung und damit einer Schwächung der Magnetosphäre beigetragen? Noch haben wir dazu keine abschließende Haltung, immerhin ist der Sorgenbeschleuniger, die Digitalisierung, seit Jahren abgeschaltet, was nicht heißt, dass es nicht doch langfristig nachwirkende Folgeschäden gibt, die noch

---

[9] Otto Ulrich: Utopie einer lobbaren Zukunft: Zeitfelder 1921 – 2021 – 2121, INFO3 Vlg., Frankfurt a.M. 2021, S. 85

immer erst zu uns unterwegs sein könnten."[10]

Das heißt also, dass Otto Ulrich damit rechnet, dass im Jahre 2121 das Internet bereits komplett abgeschaltet sein wird!

Hier nochmals der eingangs gekürzt zitierte Passus aus dem Werk Rudolf Steiners, welcher in seinem Schlußviertel die hier vorgebrachte Sichtweise (indirekt) bestärkt:

"Furchtbare Zeiten aber stehen der Menschheit in Europa bevor. Wir wissen, daß, wenn das erste Drittel dieses Jahrhunderts vorbei ist, der Christus geschaut werden wird in seiner Äthergestalt und daß dies einen gewaltigen Impuls abgeben wird neben all den untergehenden Neigungen dieses Jahrhunderts. In den älteren Zeiten, wie zum Beispiel beim Jahr 1000, mußten die

---

[10] Ebenda, S. 89

Menschen wohl glauben, was Luzifer und Ahriman ihnen weismachten, weil sie den wahren, bewußten Christus-Impuls noch nicht in sich hatten. Wir aber müssen nicht mehr, wir sollen freiwillig diesen neuen Christus-Impuls aufnehmen, damit wir Luzifer und Ahriman Widerstand leisten können. Es wird so sein im 20. Jahrhundert, daß Luzifer und Ahriman sich insbesondere bemächtigen werden des Namens des Christus. Menschen werden sich Christen nennen, die von dem wahren Christentum keine Spur mehr in sich haben werden; und sie werden wüten gegen diejenigen, die sich nicht nur allein halten an das, was der Christus einmal nach der Überlieferung der Evangelien gesagt hat, sondern für welche gilt das Wort: «Ich bin bei euch alle Tage bis an das Ende der Erdenzeiten», die sich richten werden nach dem lebendigen, fortwirkenden Christus-Impuls. Gegen diese wird man wüten. Verwirrung und Verwüstung wird herrschen, wenn das Jahr 2000 herannaht. Und dann wird auch von unserem Dornacher Bau kein Holzstück mehr auf dem anderen liegen. Alles wird zerstört und verwüstet werden. Darauf werden wir von der geistigen Welt aus herabschauen. Aber wenn das Jahr 2086 kommt, wird man überall in Europa aufsteigen sehen Bauten, die geistigen Zielen gewidmet sind und die Abbilder sein werden von unserem Dornacher Bau mit seinen zwei Kuppeln. Das wird die goldene Zeit sein für solche Bauten, in denen das geistige Leben blühen wird." (Rudolf Steiner: GA 286, S. 110f)

Autobiographische Notiz:

Michael Heinen-Anders wurde am 25.02.1960 in Köln geboren. Er studierte an der Bergischen Universität Wuppertal Wirtschafts- und Sozialwissenschaften. 1989 schloss er das Studium als Diplom-Ökonom ab. Michael Heinen-Anders trat 1994 der Anthroposophischen Gesellschaft, Zweig Köln, bei. Seit 2011 ist er gleichfalls Mitglied der Freien Hochschule für Geisteswissenschaft. Er veröffentlichte zahlreiche literarische, essayistische und wissenschaftliche Schriften, darunter „Aus anthroposophischen Zusammenhängen", BoD, Norderstedt 2010 und „Aus anthroposophischen Zusammenhängen Band II", BoD, Norderstedt 2018. Michael Heinen-Anders lebt in Köln, ist geschieden und hat zwei erwachsene Töchter.